VENCEDOR

ESTUDIO BÍBLICO

CREADO POR
STEPHEN KENDRICK Y ALEX KENDRICK
DESARROLLADO CON
NIC ALLEN

LifeWay Press® • Nashville, Tennessee

EQUIPO EDITORIAL

ISBN 978-1-5359-7869-9 • Ítem 005819249

Clasificación Decimal Dewey: 248.84
Subdivisión: VIDA CRISTIANA / DIOS / AUTO-PERCEPCIÓN

Para ordenar copias adicionales escriba a LifeWay Resources Customer Service, One LifeWay Plaza, Nashville, TN. 37234; FAX (615) 251-5933; teléfono 1-800-257-7744 ó envíe un correo electrónico a customerservice@lifeway.com.

Impreso en EE.UU.

Multi-Language Publishing • LifeWay Resources
One LifeWay Plaza • Nashville, TN 37234

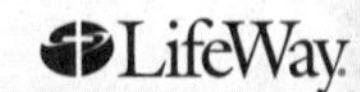

CONTENIDO

SOBRE LOS AUTORES

Stephen Kendrick (escritor y productor de *VENCEDOR*) es orador, productor de cine y autor con una pasión ministerial por la oración y el discipulado. Además, es el coescritor y el productor de las películas *VENCEDOR, CUARTO DE GUERRA y A PRUEBA DE FUEGO*. También es coescritor de los libros *La resolución para hombres* y *El desafío del amor*, ambos superventas del New York Times. Stephen es ministro ordenado, asistió al seminario, obtuvo un título en Comunicaciones de Kennesaw State University y es parte de la junta de Fatherhood CoMission [CoMisión de la paternidad]. Él y su familia residen en Albany, Georgia, y son miembros de Sherwood Church. Principalmente, como se afirma en este estudio bíblico, Stephen es un hijo de Dios, cuya ciudadanía está en el cielo.

Alex Kendrick (director, actor y escritor de *VENCEDOR*) es un reconocido y premiado autor, con un don para relatar historias de esperanza y redención. Se lo conoce mejor como actor, coescritor y director de las películas *A PRUEBA DE FUEGO, RETO DE VALIENTES, DESAFIANDO GIGANTES, CUARTO DE GUERRA* y *VENCEDOR.* Además, es coescritor de los libros *El desafío del amor, La resolución para hombres, A prueba de fuego* (la novela) y *Reto de valientes* (la novela), todos superventas del New York Times. En el 2002, Alex ayudó a fundar Sherwood Pictures y se unió a su hermano Stephen para iniciar Kendrick Brothers Productions. Se graduó de Kennesaw State University y asistió al seminario antes de ser ordenado ministro. Alex y su familia residen en Albany, Georgia, y son miembros de Sherwood Church.

Nic Allen (desarrollador de estudios bíblicos) es el pastor adjunto de Rolling Hills Community Church en Nashville, Tennessee. Obtuvo un título en Comunicaciones de Appalachian State University y tiene una maestría en Educación Cristiana de Dallas Baptist University. Su pasión es discipular a niños y estudiantes, y equipar a los padres para construir familias sólidas.

SOBRE LA PELÍCULA VENCEDOR

AFFIRM Films A Sony Company © 2019 CTMG.

CONOCE A JOHN

Cuando unas circunstancias fuera de su control revelan la reputación que él se ha forjado, John Harrison «se convierte en el entrenador menos probable que ayuda a la corredora menos esperada a llevar a cabo lo imposible en la carrera más importante del año»[1]

CONOCE A HANNAH

AFFIRM Films A Sony Company © 2019 CTMG.

Ella está en un proceso de autodescubrimiento. Como la mayoría de los adolescentes, Hannah desea conocer de dónde proviene, cuáles son sus habilidades, qué significa formar parte de una familia y dónde se halla el verdadero valor de la vida. Estas son preguntas de identidad.

La vida de John Harrison da un giro inesperado cuando el sueño de su equipo de baloncesto de secundaria de ganar el campeonato estatal, es destrozado por noticias inesperadas. John debe enfrentar nuevos retos para su familia y su equipo debido a que la planta de producción más grande de la comunidad es clausurada repentinamente y cientos de familias se mudan del lugar. La directora de la escuela le pide que se convierta en entrenador suplente de un deporte que no conoce bien y que no le gusta. John se frustra y cuestiona su propio valor hasta que conoce a una estudiante que lucha con sus propios problemas.

Los hermanos Kendrick regresan a las pantallas de los cines con *VENCEDOR*, su película más reciente luego de *DESAFIANDO GIGANTES, A PRUEBA DE FUEGO, RETO DE VALIENTES* y el éxito de taquilla número uno: *CUARTO DE GUERRA*. Esta vez vuelven con una mezcla de fe, un toque de humor y mucho amor. El reparto estelar de esta inspiradora película familiar incluye a Alex Kendrick, Priscilla Shirer, Shari Rigby, Cameron Arnett y presenta por primera vez a Aryn Wright-Thompson. La cinta se estrenará en EE.UU. el 23 de agosto. *VENCEDOR* te dejará lleno de esperanza, inspirado para soñar y con la pregunta: ¿qué permites que te defina?

RECURSOSVENCEDOR.COM

1. Jeannie Law, «La nueva película de los hermanos Kendrick "VENCEDOR", sobre encontrar nuestra identidad en Dios, protagonizada por la estrella, Priscilla Shirer», The Christian Post, 3 de agosto del 2018: https://www.christianpost.com/news/kendrick-brothers-movie-overcomer-based-on-finding-identity-in-god-stars-priscilla-shirer-226556/

INTRODUCCIÓN

«¿Quién eres en realidad?». Esta es una pregunta fundamental que todos debemos responder. Responder nuestro nombre es un primer instinto previsible. Después, solemos enlistar las actividades a las que nos dedicamos o las personas con las que nos relacionamos. ¿Deberíamos definir nuestra identidad con base en nuestros familiares o incluso en las opiniones ajenas sobre nosotros? Quizá nuestra identidad es algo más profundo.

La identidad es la máxima verdad que un individuo cree respecto de sí mismo; es su fuente de valor y relevancia. Tim Keller, afirma: «La necesidad que todos tenemos de sabernos valiosos es tan arrolladora que cualquier cosa que pueda ser la base de nuestra identidad y valía es "deificada" en su esencia y de forma constante. Examinaremos esta cuestión con debido detalle junto con la pasión y la intensidad presentes en la adoración y en la devoción, aun en el caso de personas que se tienen a sí mismas por no religiosas»[1].

Si las personas deifican o idolatran aquello sobre lo cual basan su identidad, ¿qué sucede cuando esa fuente de relevancia nos falla o nos la arrebatan? No solo modifica nuestra visión del mundo, sino que también destruye el alma.

Aquí es donde entra *VENCEDOR*. Sin importar su intención al realizar este estudio, el propósito es encontrar una respuesta definitiva a la pregunta fundamental «¿Quién eres?».

Nuestro estudio bíblico está diseñado para ayudarte a establecer con firmeza tu valor y relevancia en Cristo. Además, incluye discusiones grupales, fragmentos de la película y estudios personales. Aquí hallarás una variedad de gigantes del Antiguo y del Nuevo Testamento que demostraron una identidad firme sobre la verdad de Dios o que nos advierten del peligro de elegir identidades alternativas. Durante el estudio, tendrás la oportunidad de confirmar si tu identidad está mal definida y de regresar a la única fuente de sentido en la vida, Cristo.

1. Timothy Keller, ¿Es razonable creer en Dios?: Convicción, en tiempos de escepticismo (Nashville: B&H Publishing Group, 2017), pág. 181.

CÓMO USAR ESTE ESTUDIO

El estudio bíblico *VENCEDOR* te ofrece cinco lecciones que pueden funcionar tanto en un estudio bíblico grupal como de forma personal. Cada lección tiene cuatro elementos: «Inicia», «Fragmento de la película», «Trabaja» y tres días de «Estudio Personal». Separa de 45 minutos a una hora para las sesiones grupales.

INICIA. Cada estudio inicia con una introducción a la lección correspondiente. Esta sección está pensada para usarse en grupo, pero puede adaptarse para un estudio personal. Lee esta sección y contesta las preguntas introductorias con tus compañeros (de estar en un grupo).

FRAGMENTO DE LA PELÍCULA. Descargable gratis en www.recursosvencedor.com

TRABAJA. Esta sección es el enfoque principal de cada semana. Los líderes deben dedicar la mayoría de la sesión grupal a enseñar utilizando los versículos y la preguntas que se ofrecen en esta sección.

EL ESTUDIO PERSONAL. Tras participar en la sesión grupal, cada uno deberá completar los tres días de estudio personal en casa antes de presentarse a la siguiente sesión grupal. En esta sección, los miembros de los grupos podrán explorar el contenido y la aplicación bíblica que apoya los conceptos tratados en los videos y en las conversaciones grupales.

UNA CARTA PARA LOS LÍDERES

Gracias por acceder a liderar un grupo pequeño. Mientras preparábamos el estudio, también orábamos por ti.

¿Qué significa ser creado a la imagen de Dios? Significa que el Creador, mas no la creación, nos proporciona una identidad y un propósito. Esto determina quién y qué somos en el mundo. ¿Qué implica llevar la semejanza de Dios en el mundo? Implica que exaltemos al que nos hizo, nos llamó y quiere usarnos para Sus propósitos. Significa que nuestra existencia declara quién es Jesús y cómo es experimentar la vida y la salvación que solo Él nos da.

El mundo nos ofrece perversiones de identidad descabelladas. Las personas eligen quiénes ser al encarnar sus nociones erróneas de la verdad. Este estudio bíblico no ataca a esas personas. Por el contrario, te ofrece un fundamento —que consiste en verdades bíblicas primordiales— sobre el cual construir una identidad significativa. Somos creación de Dios, pero hemos pecado. Se nos ofrece una salvación que demanda arrepentimiento y que nos lleva hacia una vida que busca y declara a Jesús como la única vía hacia conocernos y encarnar quienes somos en realidad.

Quizá estás manejando nuestro estudio como parte de una campaña eclesiástica en anticipación de la película *VENCEDOR*. Puede ser que tu grupo haya visto la película y que utilice este estudio para profundizar. Sin importar cuándo implementes el estudio o la estructura de tu grupo, este recurso tiene un gran potencial para ayudar a las personas de tu iglesia y de tu comunidad a comprender y a encarnar sus verdaderas identidades en Cristo.

Es posible que sientas ansiedad o miedo al guiar este estudio. Probablemente hayas luchado con tu propia identidad y con lo que significa llevar la semejanza de Dios en tu vida. Él no te ha llamado a liderar este estudio porque seas un discípulo de Jesús perfecto, sino porque Dios prepara a Su pueblo para llevar a cabo Sus propósitos. Deseamos que, mientras guías este estudio bíblico, puedas ver al Señor trabajar en tu vida de manera poderosa y sentir el poder del Espíritu Santo sostenerte y guiarte. La mejor forma de prepararte cada semana es hacer el estudio por tu cuenta. Sé abierto y honesto con tu grupo con respecto a las áreas en las cuales tienes problemas. Pídele a Dios que guíe tus palabras y que te dé fuerzas para liderar con sabiduría. Si Jesús es tu Señor, entonces tú también eres un vencedor (ver 1 Jn. 5:5). ¡Gracias por ser un líder!

SESIÓN 1

¿QUIÉN ERES?

Y el ángel de Jehová se le apareció, y le dijo: Jehová está contigo, varón esforzado y valiente.
JUECES 6:12

INICIA

Bienvenido al estudio bíblico *VENCEDOR*. Si este es un grupo recién formado, la siguiente actividad les ayudará a conocerse y a construir una comunión. Incluso un grupo de conocidos se beneficiará de esta actividad inicial.

Comienza por anotar diez cosas que te describen. Pueden ser títulos, intereses personales o características de tu personalidad. (Por ejemplo, soy un esposo; soy un técnico; soy un estudiante; soy un artista; soy un soñador). Utiliza el espacio a continuación para elaborar tu lista.

Haz que cada miembro del grupo diga uno de los puntos en su lista. Repite el proceso y permite que cada uno revele un segundo punto. Sigue así hasta que cada persona haya leído en voz alta cada uno de los puntos que anotó.

Los aspectos de las listas que compartieron en grupo probablemente sean atributos o roles positivos. Es posible que algunos reflejen el llamado de Dios; esto convierte la descripción hecha de quién y qué somos en un acto de obediencia. En tal caso, ¡enhorabuena! Existe un equilibrio entre seguir la voluntad de Dios y elegir nuestra propia aventura. Sin embargo, la mayoría de los aspectos que identificamos en nuestra identidad suelen ser autodefinidos y autodesignados.

FRAGMENTO DE LA PELÍCULA

Miren el primer video. En él se presentan personajes clave y las preguntas fundamentales que impulsan la narrativa. Después, comenten la temática mediante los pasos que se ofrecen.

RESUMEN

El entrenador de baloncesto, John Harrison, entra en la oficina de la directora Olivia Brooks. Descubre que se ha cancelado el programa de fútbol americano. La fábrica más importante del pueblo ha cerrado y se han perdido más de 5000 puestos de trabajo. La clausura está drenando el pueblo y disminuyendo las inscripciones a la escuela secundaria. Puesto que no hay suficientes integrantes, los programas atléticos se están cancelando. No obstante, Olivia identifica una oportunidad de salvar al equipo de campo traviesa si John se convierte en su entrenador. Para él, ese ni siquiera es un deporte real. Sin embargo, se le otorga la responsabilidad como entrenador y su identidad comienza a revelarse.

PARA DIALOGAR

1. ¿Qué noticias desafortunadas recibe John en el video?

2. Dadas las circunstancias, ¿crees que la reacción de John es previsible y normal, o demasiado severa?

3. ¿Qué es lo que John se ve forzado a dejar y qué responsabilidad se le pide que asuma?

TRABAJA

Lee Éxodo 2:10-22 en voz alta. Haz una lluvia de ideas de los títulos y los aspectos de la personalidad que se le pueden aplicar a Moisés.

Lee Éxodo 3:1-6, 9-14 en voz alta. ¿Qué nos revelan estos versículos sobre la identidad de Moisés?

¿Cuál fue el cambió en Moisés entre los capítulos 2 y 3?

Moisés tenía una vida llena de lujos como príncipe de Egipto, puesto que había sido rescatado y criado por la hija del faraón. Analiza su denuedo respecto a los dos personajes: el egipcio que abusaba de su paisano hebreo y el hebreo cuyo comportamiento Moisés también encaró. Ese no es el mismo líder reticente del capítulo tres, donde descubrimos que Moisés se convirtió en un humilde pastor, esposo, padre y yerno. Él vivía de manera sencilla y apartada hasta que Dios reveló Su plan de usarlo para liberar a los israelitas de la esclavitud. Moisés presentó una serie de motivos por los cuales no podría atender al llamado de Dios de liderar a Israel. ¿Por qué? Las presuposiciones que tenía sobre sí mismo y lo que otros percibirían sobre él superaban cómo Dios lo veía. Moisés estaba encarnando una identidad definida por él mismo.

Lee Jueces 6:6-16 en voz alta. ¿Qué similitudes y diferencias percibes entre Gedeón y Moisés?

La tribu israelita de Manasés, nombrada por el hijo mayor de José, quedó en sexto lugar entre las doce tribus por la cantidad de hombres con edad para luchar (ver Núm. 26); no se puede considerar una tribu pequeña. Al unirse al hijo menor de José, Efraín, ambos superaban a los hijos de Jacob. No obstante, cuando Madián oprimía a Israel, Gedeón afirmaba estar entre los clanes más débiles de su tribu y entre los hombres más débiles de su familia. Aun así, Dios describió a Gedeón como un gran guerrero.

¿Alguna vez Dios, por medio de Su Palabra o de Su Espíritu, te ha llamado a ser más de lo que creías posible? ¿Cuál fue tu respuesta?

¿Te ha ocurrido que la identidad que te has forjado o que has adoptado obstruye tu disposición de ser quién Dios quiere que seas? ¿Cómo fue?

Tu identidad inicia en tu lugar de procedencia, incluye dónde has estado e indica hacia dónde te diriges. Si quién eres ha sido definido por Dios Todopoderoso y es consistente con Su Palabra, entonces con certeza personificas quién Él pretende que seas. Descubrir y encarnar esa identidad definida por Dios afecta todas las áreas de la vida. Ese cometido siempre vale la pena.

DÍA 1

TU IDENTIDAD INICIA EN TU LUGAR DE PROCEDENCIA

Crea una lista de las personas y las prioridades en tu vida que consideras cruciales. Puedes ser tan específico como desees. No obstante, en ocasiones indicar una categoría puede ser suficiente. Por ejemplo, puedes poner «mi familia» en lugar de anotar cada miembro por separado.

Revisa tu lista para asegurarte de que esté completa, incluso los puntos de menor importancia.

Ahora la dificultad del ejercicio aumenta. Comienza a tachar los puntos de tu lista de menor a mayor relevancia. ¿Cuáles puedes eliminar de tu vida? Reduce tu lista a dos o tres de tus máximas prioridades. Esos aspectos revelan no solo qué consideras crucial, sino también aquello que es parte indispensable de quién eres.

La famosa expresión «Eres lo que comes» nos incita a comer de manera más saludable, pero tiene poca relevancia al construir una identidad. Una frase más adecuada es «Eres lo que consideras importante».

Tus valores te definen. El problema con la afirmación anterior es la palabra *eres*, pues implica tu soberanía a pesar de tus amplias limitaciones como mortal. ¿Quién eres tú como para determinar tu propia identidad? Incluso si tuvieras tal potestad, ¿de dónde proviene? La Escritura contienen la respuesta.

Lee Génesis 1:26.

> *Entonces dijo Dios: Hagamos al hombre a nuestra imagen, conforme a nuestra semejanza; y señoree en los peces del mar, en las aves de los cielos, en las bestias, en toda la tierra, y en todo animal que se arrastra sobre la tierra.*
>
> GÉNESIS 1:26

¿Qué descripción reveló Dios en este versículo sobre la inherente naturaleza y la posición del ser humano?

Dios no consultó con el ser humano lo que su naturaleza incluiría o no, ni cuál debería ser su llamado o su dirección en la vida. Dios te creó para portar Su imagen. En el inicio, cuando ninguno de nosotros existía, ya Dios tenía un plan. Para Adán y Eva eso implicaba un propósito decisivo.

Lee Efesios 2:10 y vuélvelo a redactar en tus propias palabras.

A esta afirmación de Pablo le precede una descripción poderosa de la salvación (ver vv. 8-9). Dios nos ha salvado de manera milagrosa y llena de gracia para que podamos cumplir Su propósito.

¿De qué manera moldea tu identidad conocer y recordar de dónde provienes y por qué fuiste creado?

Revisa las listas de la semana: la que creaste en la sesión grupal y la que hiciste al inicio de este estudio individual. De las descripciones y los valores que anotaste, ¿cuáles son consistentes con la imagen de Dios que llevas en ti y con las buenas obras que Él determinó para ti?

¿Cuáles deberías reconsiderar? Al terminar el estudio de hoy, pídele a Dios que te revele las prioridades y las ocupaciones que debes eliminar. También pídele que te muestre aquellas que debes adoptar para definirte desde Su propósito para ti.

DÍA 2

TU IDENTIDAD INCLUYE DÓNDE HAS ESTADO

Un ejercicio fundamental para todo cristiano es elaborar su testimonio cristiano. Una fórmula sencilla es contestar las tres preguntas que siguen. Deberás tomar tiempo suficiente para responderlas si no lo has hecho recientemente.

¿Cómo era tu vida antes de Cristo?

¿Cómo lo conociste y comenzaste a confiar en Él?

¿Cómo es tu vida actual en los caminos de Cristo?

Una identidad cristiana firme proviene de entender esta verdad fundamental: Dios nos creó para encarnar Su imagen y para cumplir Sus propósitos. Además, implica reconocer con toda claridad dónde hemos estado. Todos nosotros vivíamos una vida de pecado y rebelión. Cuando confiamos en Cristo, Él comienza a redefinir nuestra identidad.

A lo largo de los años, Israel sufrió las consecuencias de su frecuente negativa a vivir de acuerdo a los planes de Dios. Tal desobediencia era pecado. ¿Por qué un pueblo que había disfrutado la bondad de Dios se desvió y adoptó una identidad alejada de Su diseño?

Analiza Génesis 3:1-6. En este antiguo reporte de la historia humana, el primer hombre y la primera mujer eligieron creer una mentira. ¿Por qué lo hicieron? Basándote en el texto, específicamente en el versículo 6, ¿por qué la pareja cayó en la tentación de la serpiente?

¿Creer mentiras ha provocado patrones de pecado en tu vida? Explica tu respuesta.

¿Existen patrones de pecado en tu vida como resultado de que hayas elegido tu propio placer y lo que percibías como bueno? Explica tu respuesta.

Lee Daniel 1:1-7

En los tiempos de Nabucodonosor, no era suficiente conquistar una ciudad. La cultura de la nación víctima del saqueo debía ser reemplazada por la de Babilonia para asegurar una dominancia duradera. En realidad, era una estrategia de liderazgo efectiva. Nabucodonosor elegía líderes del pueblo conquistado y procuraba influenciarlos a ellos primero.

¿Cuáles fueron los criterios establecidos por Nabucodonosor para los elegidos entre los israelitas?

Los alimentos de la mesa real de Babilonia estaban prohibidos por las leyes alimentarias judías. Más adelante en este capítulo, Daniel y sus amigos pidieron permiso para no participar de aquella dieta. Aquí se insinúa que muchas figuras importantes de Israel cedieron. ¿Fue la lujuria de la vista, las mentiras del enemigo, o la presión intensa de su nuevo hogar lo que provocó que los jóvenes anónimos cedieran?

Todos hemos experimentado que algo o alguien nos aleje del plan de Dios. Aunque es desafortunado permanecer en esa situación, es útil recordarla. Saber dónde has estado te dirige hacia el perdón. También le da a Dios la oportunidad de mostrar los atributos de Su carácter que desesperadamente requieres.

Si te has arrepentido de tu pasado pecaminoso y has sido perdonado, rememorar esa oscuridad te motiva a no regresar jamás. Una identidad caracterizada por el perdón es la mejor base para tu vida actual.

Ora a Dios por aquellos patrones de pecado que identificaste hoy. Confiésalos y ruégale a Dios que te perdone. Además, pídele que te revele los cambios que puedes implementar para alinear tu vida con Su plan. Si Dios te ha perdonado por las veces que te has alejado de Su propósito, agradécele en oración hoy.

DÍA 3

TU IDENTIDAD INDICA HACIA DÓNDE TE DIRIGES

En la sesión grupal te describiste mediante títulos declarativos. Quizá te definiste con un rol familiar o profesional, como «padre» o «maestro». Es posible que hayas optado por una caracterización más personal o por tus aficiones, como «soñador» o «lector».

¿Cómo determina la dirección de tu vida la forma en que te describes?

¿Cómo se ve afectada la dirección de una vida si la persona opera desde una identidad distinta a la que Dios definió?

Recuerda el estudio de Moisés y Gedeón que hiciste en la sesión grupal. Ambos héroes del Antiguo Testamento fueron bendecidos por su relación con Dios. Él determinó sus identidades y sus trayectos.

Lee Éxodo 3:12-14. ¿Qué le prometió Dios a Moisés?

¿Cómo benefició a Moisés conocer el nombre de Dios?

Lee Jueces 6:16-22. ¿Qué promesa similar le hizo Dios a Gedeón?

¿De qué manera confirmó Dios Su identidad ante Gedeón?

¿Cómo te ha prometido Dios Su presencia y te ha revelado Su identidad?

Revisa tu lista de prioridades del día uno. ¿Cómo forjan tus prioridades la presencia y la identidad del Señor?

Cuando la identidad está enraizada en la verdad de Dios, los cristianos no solo conocen quiénes deben ser, sino también quién es Dios y el camino que Él ha determinado para ellos. En Salmos 32, el recuento que David hace de su vida y su conexión al plan de Dios bien pudiera describir a Moisés y a Gedeón. También es un buen retrato de nuestra vida.

Para culminar la semana, lee con cuidado Salmos 32. ¿Qué cualidades menciona David que quisieras adoptar en tu identidad?

Moisés y Gedeón no solo fueron perdonados, sino también llamados. Ellos abandonaron la confusión y siguieron las instrucciones de Dios. En Él, ellos eran justos.

El contenido de Salmos 32:7 aplica de maravilla a Moisés y a Gedeón. Para que Dios pudiera ser un refugio, debía estar cerca. El Señor llamó a Moisés y a Gedeón a ser personas que ellos no creían poder ser, a viajar a lugares que ellos no imaginaban y a realizar hechos para los que no se sentían preparados. Además, Dios les prometió acompañarlos durante todo el trayecto.

¿Quién quiere Dios que seas? ¿Qué misión ha preparado para ti? ¿Qué tan confiado estás de avanzar sabiendo que Él te acompaña? Si no tienes respuestas claras, pídele a Dios que te hable. Ruégale que te dé oídos para oír, un corazón obediente y la disposición de tomar riesgos para dirigirte a dónde Él te indique.

SESIÓN 2

ESTÁS HERIDO

Porque dos males ha hecho
mi pueblo: me dejaron a mí,
fuente de agua viva, y cavaron
para sí cisternas, cisternas
rotas que no retienen agua.
JEREMÍAS 2:13

INICIA

Bienvenido a la segunda sesión grupal del estudio bíblico *VENCEDOR*. Para iniciar, pide que compartan las respuestas del estudio personal de la semana pasada.

¿Qué te pareció interesante sobre el estudio personal de la semana pasada? ¿Qué verdades o respuestas te reveló Dios?

Describe una situación difícil que resultó ser beneficiosa para ti. Ten en cuenta las siguientes preguntas al momento de responder.

¿Cuál fue tu reacción inicial a la situación?

¿Cómo se manifestó la fidelidad de Dios?

¿Cómo mejoraste y qué aprendiste de la experiencia?

Las circunstancias difíciles e inesperadas son procesos habituales en la vida. Cuando ocurre una desgracia, tu reacción ante la adversidad revela tu verdadera naturaleza. Ciertas heridas profundas, antes inadvertidas, quedan expuestas. Esas circunstancias resultan ser oportunidades de crecimiento. El estudio de esta semana resalta esa verdad. Oren juntos mientras se preparan para ver el fragmento de la película.

FRAGMENTO DE LA PELÍCULA

Miren el video de esta sesión.

RESUMEN

Las circunstancias suelen evadir nuestros planes. Este es el caso de John y Amy. Mientras los efectos del cierre de la fábrica afectan a los Harrison, la base de la identidad de John es expuesta. Su esposa Amy conoce la situación, pero su reacción es poco gentil. Es cierto que John debe rendir cuentas a alguien, pero el estrés está afectando el matrimonio. Durante una discusión marital, la conversación se torna densa y se revelan ciertas heridas en el corazón de John.

PARA DIALOGAR

1. ¿Quién enfrenta la situación más difícil, John o Amy? Es decir, ¿la persona que atraviesa un evento que le cambiará la vida o la persona que ve a su ser amado atravesar esas circunstancias? Explica tu respuesta.

2. ¿Cómo crees que se sintió John al escuchar las palabras de Amy?

3. ¿Qué hallas más fácil, ser quien ofrece un regaño, independientemente del tino con que lo digas, o ser quien lo recibe?

TRABAJA

Pídele a alguien del grupo que comparta lo sucedido en Jonás 1-2. Después lean Jonás 3-4 en voz alta. Designa varios lectores de ser necesario.

En el capítulo 3, ¿qué sucedió cuando Jonás predicó el mensaje de Dios en Nínive? Según el capítulo 4, ¿cómo se sintió Jonás con el resultado?

Para Jonás, el relato no acaba bien. Cuando Dios perdonó a los ciudadanos de Nínive, para el profeta fue lo peor que pudo haber ocurrido. Jonás había declarado públicamente que Dios destruiría a la ciudad. Su reputación estaba en peligro. Él sabía que los asirios eran personas malvadas y violentas que merecían la ira del Señor. Pero también sabía que, si Nínive se arrepentía, Dios les mostraría Su gracia y no destruiría la ciudad. Jonás estaba decepcionado por no poder ver el espectáculo de fuego de la ira de Dios. Al final del libro, un pueblo alejado de Dios había regresado a Él, y un hombre que debería haber celebrado ese retorno estaba tan disgustado que prefería la muerte.

¿Cuál es tu reacción inicial cuando Dios hace algo que consideras inesperado o desagradable? ¿Qué revela esta reacción sobre tu carácter o tu identidad?

Las heridas del pueblo de Nínive se manifestaban en su pecado y rebelión. Las lesiones de Jonás se ocultaban bajo un área callosa de su corazón. En tu opinión, ¿es un estado peor que el otro? Si lo crees, ¿cuál es el peor y por qué?

Lee Jeremías 2:1-13 en voz alta. Comenten las similitudes entre ese período del ministerio de Jeremías y el relato de Jonás. ¿Percibes alguna diferencia?

En la actualidad definiríamos a los habitantes de Nínive como un pueblo no alcanzado. Eran enemigos de Dios en tierras lejanas que necesitaban a un misionero que se acercara a explicarles el camino de salvación. En contraste, las expectativas respecto al pueblo de Dios en Judá, descrito en Jeremías 2, eran mas altas. En tiempos de paz, construyeron una identidad ajena a su posición como hijos de Dios, y por ello cayeron en la idolatría. El pueblo de Dios era culpable y la misión de Jeremías era decírselo.

¿Por qué es beneficioso que nuestras heridas o nuestra identidad idólatra sean reveladas?

Tu identidad inicia en tu lugar de procedencia, incluye dónde has estado e indica hacia dónde te diriges, y se manifiesta con claridad cuando enfrentas tribulaciones o cuando no te sales con la tuya, como en el caso de Jonás. Aunque descubrir y explorar nuestras deficiencias es arduo, la Escritura revela que es beneficioso para nosotros.

DÍA 1

ESTAMOS CORROMPIDOS PORQUE EL MUNDO ENTERO LO ESTÁ

Los ciudadanos de Nínive están por todas partes. Al revisar Twitter o ver las noticias internacionales te das cuenta de que la maldad abunda. Tómate un momento para pensar en el estado actual del mundo. Pero que sea rápido, porque es difícil y deprimente.

Es fácil reconocer los pecados en las falsas religiones, los países paganos y las naciones en vías de desarrollo. Los «otros» son un blanco fácil. En Estados Unidos nos resulta sencillo bajar la mirada y resguardarnos bajo la conjetura de que vivimos en una nación cristiana. No obstante, nuestro país está tan corrompido y en necesidad de arrepentimiento como todos los demás. Tanto individual como colectivamente, nos hemos alejado de Dios.

Lee Jeremías 2:1-13.

Pondera cada versículo e identifica maneras puntuales en que el mensaje de Dios a Jerusalén aplica a tu vida. Por ejemplo, ¿alguna vez te has sentido como la descripción en los versículos 2 y 3? ¿Puedes explicarlo?

Examina los versículos del 5 al 9. ¿Estás o has estado en un momento en que has dejado de buscar a Dios y te has desviado? Descríbelo.

Redacta el versículo 13 en tus propias palabras.

Anota las cisternas rotas en las que has depositado tu confianza y hallado tu identidad. Mientras lo haces, confiesa cada una en oración.

Lee el pasaje a continuación.

> *Entonces dije: ¡Ay de mí! que soy muerto;*
> *porque siendo hombre inmundo de labios,*
> *y habitando en medio de pueblo que tiene*
> *labios inmundos, han visto mis ojos al Rey,*
> *Jehová de los ejércitos.*
> ISAÍAS 6:5

Nuestro interior corrompido es un microcosmos del estado del mundo. Cambiar la bondad del plan de Dios por nuestros deseos personales es un pecado. Además, nunca resulta en la abundancia que Dios quiere para nosotros.

Subraya la parte de la confesión de Isaías en la que él reconoce su pecado personal. Dibuja un círculo alrededor de la parte donde él denuncia el pecado de su pueblo. ¿Qué pecado estuvo primero?

Aunque suele ser más sencillo identificar la deficiencia ajena, es mejor iniciar con la nuestra. El pecado individual y el universal no son mutuamente exclusivos. Ambos operan en terrenos similares. Las personas están corrompidas porque el mundo lo está. El mundo está deshecho porque cada individuo está en pecado, por elección y por naturaleza. Esta naturaleza herida y deshecha se hace evidente cuando ponemos nuestra confianza, nuestra fe o nuestra identidad en algo que no sea Dios. Al reconocer esta verdad sobre nuestra naturaleza, estamos un paso más cerca de ser hechos sanos.

Agradécele a Dios por utilizar tus heridas para revelar tu necesidad por Jesús. Pídele que te restaure a ti y al mundo.

DÍA 2

ESTAMOS HERIDOS PORQUE ASÍ LO QUEREMOS

¿Conoces ese tipo de persona cuya fe en las dificultades te inspira a la vez que te asusta? Quedas maravillado ante ellos y te cuestionas cómo pueden mantenerse tan fuertes cuando sus circunstancias son tan duras. Pero también tiemblas de terror, porque no crees que podrías ser tan fuerte. Quizá has pensado: *No creo que podría atravesar esa situación y todavía confiar en Dios*.

Su situación es tan extrema, que muchas personas considerarían exonerarlos de una vida de fe por la severidad de sus circunstancias. Es posible que veas del mismo modo la posición de John y Amy Harrison. La ira y la frustración que John siente son comprensibles. Muchos de nosotros reaccionaríamos del mismo modo en su situación. Sin embargo, que algo sea comprensible no lo vuelve lícito ni beneficioso para un seguidor de Jesús.

Las calamidades revelan la base de nuestra esperanza y el fundamento de nuestra identidad. Es decir, nuestra reacción ante los problemas demuestra quiénes somos y en quién confiamos. Las personas están heridas no solo porque el mundo lo está, sino también porque adoptamos sistemas y caminos depravados en nuestra vida.

Lee Jonás 4. Resume lo que Dios le ofreció a Jonás y cuál fue la respuesta del profeta.

La oferta de Dios:

La respuesta de Jonás:

Jonás rechazó la gracia de Dios. Luego el Señor designó al profeta Jeremías para llevar Su advertencia a Judá, pues se había descarriado. La reacción general de toda la nación fue semejante a la respuesta individual de Jonás.

Lee Jeremías 18:1-12.

¿Alguna vez has elegido, consiente o no, permanecer herido, regodeándote en autocompasión y declarando tu derecho a hacerlo? Describe esa época en tu vida.

Lee Deuteronomio 30:15-20.

Por sí solo, este pasaje pudiera utilizarse para defender una salvación basada en obras. No obstante, la salvación sigue siendo un regalo por la gracia de Dios y no puede ganarse con obras. La temática principal de estos versículos no es un comportamiento adecuado, sino creer que los caminos de Dios son los mejores y que la vida eterna incluye tanto el cielo como la tierra. El pasaje revela el poder de elección que tenemos dentro del ámbito de la fe. No siempre podemos elegir nuestras circunstancias o sus resultados, pero siempre podemos controlar cómo reaccionamos. Podemos elegir la gracia de Dios, o el pecado.

¿Existe algún área de tu vida que revele tu rechazo al plan perfecto de Dios? Es sencillo identificar elecciones poco cristianas. Describe esa cisterna rota que has elegido.

¿Cómo podrías elegir la gracia para reaccionar de una manera que agrade a Dios frente a esta situación difícil?

Reflexiona sobre las áreas de tu vida en que has seguido tu criterio y no el de Dios. Sin importar las consecuencias que hayas enfrentado, agradécele a Dios que se haya mantenido fiel junto a ti. Ruégale que te ayude a vivir como Él siempre lo tuvo planificado.

DÍA 3

ESTAMOS HERIDOS, PERO PODEMOS SER SANADOS

Enfrentar nuestras heridas puede producir una amplia gama de resultados. Podemos rechazar su existencia y tomar nuestra identidad como un derecho personal o una decisión individual. Por el contrario, podemos admitir que no tenemos la capacidad de sanar nuestra naturaleza dañada y que necesitamos la gracia y la misericordia de Dios, disponible en Jesucristo, para salvarnos de nosotros mismos. Incluso podemos titubear: un día confiamos en el diseño de Dios, al otro nos guiamos por nuestra ambición.

Nuestra meta final es ser libres de nuestras heridas. Puesto que estamos deshechos, solemos elegir permanecer de ese modo y construir nuestra identidad sobre fundamentos ilusorios. Nuestra vida no tiene por qué ser así. Dios tiene otros planes en mente. En el caso de Jonás, la tormenta pudo habérselo llevado lejos y el pez pudo no solo habérselo tragado, sino también haberlo digerido. Sin embargo, Dios le mostró a Jonás una salida. Después, el Señor manifestó Su misericordia en el modo en que lidió con Nínive y en cómo guio a Jonás con amor.

Dios ofrece rescatarnos de nuestras heridas hoy. Él puede sanar nuestro corazón y nuestros deseos corrompidos. En Jeremías 18, Dios prometió llevar a cabo esta obra en Sus hijos descarriados. La Escritura también ofrece otros ejemplos.

Lee los siguientes versículos.

> *Y los hombres de la ciudad dijeron a Eliseo: He aquí, el lugar en donde está colocada esta ciudad es bueno, como mi señor ve; mas las aguas son malas, y la tierra es estéril. Entonces él dijo: Traedme una vasija nueva, y poned en ella sal. Y se la trajeron. Y saliendo él a los manantiales de las aguas, echó dentro la sal, y dijo: Así ha dicho Jehová: Yo sané estas aguas, y no habrá más en ellas muerte ni enfermedad. Y fueron sanas las aguas hasta hoy, conforme a la palabra que habló Eliseo.*
>
> 2 REYES 2:19-22

Eliseo, el profeta que le siguió a Elías, apenas había tomado su nuevo rol cuando un grupo de personas de Jericó se le acercaron con un problema. El lugar de su campamento era bueno, pero el agua estaba en malas condiciones. Se necesitaba un milagro. Dios limpió el agua para que pudieran beber de ella. Esto significaba que aquella tierra podía ser cultivada de nuevo.

Identifica las áreas de tu vida que requieren sanidad.

La forma en que manejamos la presión descubre nuevas heridas previamente ocultas bajo la superficie. Podemos fingir y vivir una rutina diaria en apariencia normal, pero, cuando tenemos una crisis, la verdad queda descubierta y el fundamento de nuestra vida se sacude.

¿De dónde proceden tus heridas?
¿Cómo las han expuesto las circunstancias?

La mejor medicina para nuestras heridas internas es el perdón. Sin embargo, no podemos recibir el perdón antes de reconocer que lo necesitamos. Dios suele utilizar nuestro interior lastimado para que nos demos cuenta de lo mucho que lo necesitamos. En el proceso de descubrir nuestra identidad verdadera, también llegamos a comprender el arrepentimiento. Existe una diferencia entre estar arrepentido por tus acciones y experimentar un gran pesar por causa de tus pecados. Lo primero implica reconocer una consecuencia adversa. Lo segundo conlleva admitir la raíz de nuestra condición de pecadores. Cuando hayamos reconocido la naturaleza pecaminosa de nuestro corazón, estaremos listos para aceptar el perdón y ser hechos nueva criatura en Cristo.

Registra una oración donde expreses que necesitas la sanidad de Dios en tu vida. Confiesa cómo has sido necio y orgulloso. Ruega por una libertad absoluta del pecado a través del perdón de Dios.

SESIÓN 3

TE HAN ESCOGIDO

Según nos escogió en él antes de la fundación del mundo, para que fuésemos santos y sin mancha delante de él.
Efesios 1:4

INICIA

Bienvenido a la tercera sesión grupal del estudio bíblico *VENCEDOR*. Para iniciar, pide que compartan algunas respuestas del estudio personal de la semana pasada.

¿Qué te pareció interesante sobre el estudio personal de la semana pasada? ¿Qué verdades o respuestas te reveló Dios?

Describe una ocasión en la que alguien te escogió. Quizá fue en un juego del cuarto grado, cuando eras el nuevo del pueblo y estabas aterrorizado de que no te eligieran en algún equipo. Puede que se tratara de una invitación al baile de la escuela. También pudo haber sido algo que te cambiara la vida, como una beca o una propuesta de matrimonio. ¿Cómo se sintió que alguien te quisiera y te escogiera?

El sentimiento de euforia incrementa con la importancia del propósito para el cual se escoge a una persona. Jugar fútbol en el vecindario puede ser genial en su momento, pero no se compara con ser escogido para dar el discurso de apertura en la ceremonia de graduación de la universidad. La relevancia de ser escogido también aumenta con la importancia de quién hace la elección. Cuando te escoge el Dios creador del universo, la trascendencia del hecho es inescrutable.

FRAGMENTO DE LA PELÍCULA

Miren el video de esta sesión.

RESUMEN

El trasfondo de la directora Olivia Brooks y de la joven Hannah es mucho más profundo de lo que insinúa este fragmento. Olivia aprovecha la oportunidad para conversar con Hannah sobre lo que está ocurriendo en su vida y se le presenta la ocasión de compartir el evangelio con la joven. Mientras Hannah lidia con sentimientos de abandono por causa de su padre terrenal, Olivia le explica el arduo proceso mediante el cual su Padre celestial la redimió. De manera inesperada, Hannah recibe a Jesús.

PARA DIALOGAR

1. ¿Qué parte de la forma en la que Olivia presentó el evangelio te llamó más la atención?

2. ¿Qué tan confiado te sientes de hablarle a alguien sobre Cristo en una conversación? Evalúa tu condición del uno al diez, donde el uno representa una total parálisis y el diez una absoluta confianza.

TRABAJA

Lee 2 Crónicas 3:1-4, 8-9, 14-17.

Salomón obedeció el llamado de Dios y las instrucciones de su padre de construir el templo en Jerusalén. El templo reemplazaría el tabernáculo, donde el arca del pacto de Dios estaba ubicada y donde las personas adoraban y hacían sacrificios. El templo incrementaría la permanencia y la autoridad del lugar de Dios en la comunidad. Muchas personas leen sin cuidado o se saltan estos pasajes que detallan la construcción del templo, pero muchos de esos detalles apuntan a Jesús. Por ejemplo, las columnas exteriores tenían nombres: Jaquín significa «que Dios establezca»; y Boaz significa «en Él está la fortaleza». Estos pilares eran un recordatorio de que Dios había levantado y fortalecido a Israel. Es Él quien escoge, salva y fortalece; y lo hace mediante la salvación.

El nacimiento de Jesús trajo la presencia de Dios a morar con nosotros. Por eso a Jesús se lo llama Emanuel: «Dios con nosotros» (Mat. 1:23). Su muerte rasgó el velo del lugar santísimo en el templo. Esto nos dio acceso total a Dios: una invitación a establecernos como el pueblo de Dios, cubiertos de Su fortaleza (ver Mat. 27:51).

Para ti, ¿qué implica que el Dios que te creó desee estar donde tú estás? ¿De qué manera te estimula que Dios te haya escogido y que quiere habitar contigo? En vista de estos hechos, ¿cómo cambia tu forma de verte a ti mismo y a los demás?

Lee Juan 3:16-17 en voz alta. ¿Qué término o frase te impresiona más?

Lee Efesios 2:1-10 en voz alta.

Efesios 2:1-3 describe las identidades cuyo fundamento es el pecado y no Dios. Los versículos 4-10 expresan lo que significa ser escogido por Dios.

Según este pasaje, ¿cómo salva Dios a las personas?

Relee los versículos 5-10 en voz alta. En cada uno de ellos identifica los motivos por los cuales Dios salva a las personas.

El evangelio es las buenas nuevas de que Dios elige amar y salvar a los seres humanos. ¡Qué maravilloso es conocer que el Dios de todas las cosas ha escogido personas heridas y corrompidas para recibir Su amor y Su propósito! Todo cambia al ser escogidos y definidos por Dios.

DÍA 1

EL EVANGELIO MODIFICA TU IDENTIDAD Y TE ASIGNA UN PROPÓSITO

En la película *VENCEDOR*, el evangelio de Jesús le otorgó a John Harrison un propósito que excedía todo lo que él creía sobre sí mismo. Cuando el fundamento de su identidad le fue arrebatado y reemplazado por algo menos que ideal, el evangelio le dio más de lo que él creía desear. También fue Cristo quien sacó a Hannah de la oscuridad y le dio un propósito superior a sus limitaciones físicas. El evangelio de Jesús puede cambiar la identidad de una persona y entregar un propósito que rebase toda condición o expectativa.

Salomón fue uno de los reyes más famosos de Israel, superado solo por su padre, David.

Lee 1 Crónicas 22:7-10.

¿Qué nos revela este pasaje sobre la verdadera identidad de Salomón?

¿Cuál es el propósito de Dios para Salomón según el texto?

¿Qué tanto comprendes el propósito de Dios para tu vida? Marca con una X en el rango siguiente para determinar tu nivel de conciencia sobre este asunto.

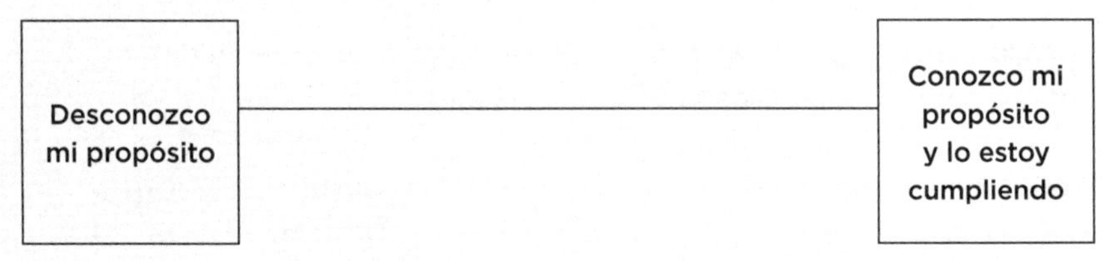

Tu identidad en Cristo te convierte en un hijo de Dios. Esto conlleva innumerables favores y bendiciones. Tu propósito de vida te hace un siervo de Dios, que dedica su vida a cumplir la voluntad del Señor.

Según lo que Dios le reveló a David, Salomón no era solo el hijo del rey de Israel, sino también un hijo de Dios con un propósito concreto. Esto no solo aplica a los que nacieron en la familia religiosa correcta. Incluso los enemigos de Dios pueden gozar de este beneficio, como Saulo en el Libro de los Hechos, quien se convirtió radicalmente a Cristo después de un encuentro con Él. Estas son buenas noticias para nosotros.

Lee el testimonio de Pablo en Hechos 22:3-16. ¿Cuál era el fundamento de la identidad de Pablo antes de conocer a Jesús?

Algunas personas tendrán un encuentro con Dios en su propio camino a Damasco. Para otros, el encuentro no será tan radical, pues sus vidas antes de Cristo no estaban tan lejos de Dios. Lo seguro es que el cambio será parte de tu testimonio, sin importar su naturaleza. Pablo escribió:

> *De modo que si alguno está en Cristo, nueva criatura es; las cosas viejas pasaron; he aquí todas son hechas nuevas.*
> 2 CORINTIOS 5:17

Toma nota y compara el antes y el después de tu identidad y tu propósito dados los cambios que el evangelio ha hecho y sigue haciendo en ti.

Copia 2 Corintios 5:17 y reléelo varias veces durante la semana. Tómalo como un recordatorio del poder que tiene el evangelio para cambiar tu vida. Ruégale a Dios que revitalice tu relación con Cristo, que introduzca este pasaje bíblico en tu vida y que moldee tu identidad para reflejar el contenido del texto.

DÍA 2

EL EVANGELIO CAMBIA TU COMUNIDAD

Buscar en internet la definición de *comunidad* resulta en las siguientes ideas:

- Un grupo de personas que residen en el mismo lugar o que comparten una característica en común (por ejemplo, la comunidad científica).
- El sentimiento de hermandad con otros que comparten actitudes, intereses o metas similares (por ejemplo, el sentido de comunidad que provee la religión organizada).

Esto resume muy bien la definición de comunidad. Las personas suelen formar parte de varias comunidades; algunas se superponen y otras parecen no coincidir.

Enlista las comunidades a las que perteneces. Incluye tantas como puedas. Dale un nombre o una marca distintiva a cada una de las comunidades a las que crees pertenecer.

Para los creyentes, el evangelio es nuestra conexión principal; él nos proporciona una familia y define lo que significa formar parte de ella. El evangelio le dio a Hannah un entrenador y una directora que eran mucho más que solo los cargos que ellos representaban. Esto la reconectó con un padre terrenal a quien ella podía amar y quien la amaba también. Le regaló una comunidad y un sitio al que pertenecer.

La muerte de Cristo no solo nos dio la salvación (aunque eso hubiera sido más que suficiente), sino que también nos dio al Espíritu Santo y a la Iglesia, entre otros beneficios. El evangelio cambia quiénes somos y con quiénes nos relacionamos. Además, nos facilita una comunidad de fe que nos apoya, nos estimula a ser más como Jesús y nos mantiene responsables en lo concerniente a nuestro llamado en Cristo. Las personas conectadas mediante el evangelio se necesitan entre sí.

Lee 1 Pedro 2:9-10 y anota todo lo que el escritor afirma que son los creyentes.

Observa que todas las afirmaciones son en plural. Pedro no declaró que un cristiano es un individuo santo o de la realeza. Cada aspecto de su declaración cargada de promesas está dirigido al cuerpo de Cristo, la Iglesia.

Lee Hebreos 10:19-25.

La primera parte del pasaje analiza lo cerca que estamos de Dios gracias a Jesús. Después, se resalta la necesidad que tenemos de apoyarnos los unos a los otros, también por causa de Cristo.

En tu opinión, ¿de qué manera el evangelio te ofrece una comunidad y te estimula a ser parte de ella?

¿Cómo te apoya la comunidad para que vivas en el evangelio?

Alaba a Dios por cómo se representa el evangelio en la comunidad. Agradécele por aquellas personas que han encarnado el evangelio de la mejor manera para reflejar a Jesús, tanto recientemente como durante toda tu vida.

DÍA 3

EL EVANGELIO MODIFICA TU PERSPECTIVA

Recuerda el regalo más extravagante que hayas hecho. ¿Qué era? ¿A quién se lo diste?

Sin lugar a dudas, el regalo en cuestión era temporal. Exceptuando las ocasiones en que has compartido el plan de salvación, todo lo que puedas dar a cambio en la vida tiene fecha de caducidad. Nada supera lo que Cristo logró en la cruz. Él tomó nuestro pecado y nuestras heridas y nos otorgó una nueva identidad que está asegurada por Su sacrificio en nuestra cuenta. Nada puede superar eso.

Dios nos brindó lo mejor a Su disposición cuando nos dio a Cristo como pago por nuestros pecados. Pablo se esforzó al máximo en comunicar este mensaje de esperanza al mundo. El evangelio verdadero no se limita a la eternidad, sino que toma efecto en el diario vivir. Además, no solo cambia a las personas para siempre, sino que también modifica su perspectiva cada día.

Pedro es un ejemplo perfecto de una perspectiva transformada. Al encontrarse con Jesús, Pedro reconoció su propio pecado.

Lee Lucas 5:1-11. ¿Cómo respondió Pedro a las instrucciones de pesca de Jesús?

¿Cuál fue la reacción de Pedro a la pesca descomunal? ¿Por qué reaccionó de ese modo ante aquel milagro?

Pedro obedeció las órdenes de Jesús y se convirtió en Su seguidor. Una larga serie de acontecimientos, historias, milagros y enseñanzas difíciles sucedieron en el ministerio de Pedro con Jesús luego de aquella primera interacción. Pero después Pedro falló miserablemente. Sin embargo, el evangelio lo restauró y le otorgó las fuerzas necesarias para que culminara su llamado en la Iglesia primitiva.

Lee Hechos 10:9-16, 34-35.

Un ángel visitó a un gentil llamado Cornelio, que era un varón temeroso de Dios, y le pidió que mandara a buscar a Pedro, quien también había recibido una visión. Después de describir la visión de Pedro en los versículos 9-16, el pasaje detalla cómo los emisarios acompañaron a Pedro hasta la casa de Cornelio. Allí, el anfitrión le contó a Pedro su encuentro con el ángel. Entonces el apóstol aprovechó y le presentó el evangelio. Antes de este encuentro, así como los demás judíos cristianos, Pedro creía que el evangelio era para Israel exclusivamente. Cristo no solo cambió la vida de Pedro mediante el evangelio, sino también su perspectiva cotidiana.

En la película *VENCEDOR*, el evento percibido como una catástrofe para el pueblo, en particular para la escuela y la familia Harrison, resultó ser la mejor situación para promover los planes de Dios en el evangelio. En ocasiones, cuando enfrentamos dificultades, el resultado revela que un propósito más centrado en el evangelio se estaba fraguando.

Lee los versículos siguientes.

> *Bendito el Dios y Padre de nuestro Señor Jesucristo, que según su grande misericordia nos hizo renacer para una esperanza viva, por la resurrección de Jesucristo de los muertos, para una herencia incorruptible, incontaminada e inmarcesible, reservada en los cielos para vosotros, que sois guardados por el poder de Dios mediante la fe, para alcanzar la salvación que está preparada para ser manifestada en el tiempo postrero. En lo cual vosotros os alegráis, aunque ahora por un poco de tiempo, si es necesario, tengáis que ser afligidos en diversas pruebas, para que sometida a prueba vuestra fe, mucho más preciosa que el oro, el cual aunque perecedero se prueba con fuego, sea hallada en alabanza, gloria y honra cuando sea manifestado Jesucristo.*
> 1 PEDRO1:3-7

En una carta dirigida a creyentes dispersos y abatidos, Pedro escribe palabras de ánimo. Su tribulación era una oportunidad de llevar el evangelio a lugares e individuos que Pedro hubiera considerado indignos en el pasado. Ese cambio en la perspectiva del apóstol y en la historia de la iglesia primitiva solo podía ser efectuado por el evangelio.

Describe un aspecto de tu vida que haya cambiado o que esté en proceso de cambio por causa del evangelio.

Ora a Dios e identifica los aspectos de tu perspectiva que requieren ser cambiados por Cristo. Pídele al Señor que modifique tu cosmovisión para que puedas ver el mundo y a ti mismo desde Su óptica.

SESIÓN 4

TE ENTREGAS

En lo cual vosotros os alegráis, aunque ahora por un poco de tiempo, si es necesario, tengáis que ser afligidos en diversas pruebas, para que sometida a prueba vuestra fe, mucho más preciosa que el oro.
1 PEDRO1:6-7

INICIA

Bienvenido a la cuarta sesión grupal del estudio bíblico *VENCEDOR*. Para iniciar, pide que compartan algunas respuestas del estudio personal de la semana pasada.

¿Qué te pareció interesante sobre el estudio personal de la semana pasada? ¿Qué verdades o respuestas te reveló Dios?

Comparte con el grupo quién es la persona que te hace las preguntas más difíciles. Podría ser tu cónyuge, tu compañero de rendición de cuentas o tu mentor. ¿Quién te hace evaluar tu identidad, el destino hacia el que te diriges y el significado de esa travesía?

Comenta cómo iniciaron esas relaciones. Detalla si son formales (planificadas, con reuniones establecidas para conversar) o informales (tienen una vida juntos y lidian con los asuntos importantes cuando surgen). También expresa el beneficio de tener a esa persona en tu vida.

FRAGMENTO DE LA PELÍCULA

Miren el video de esta sesión.

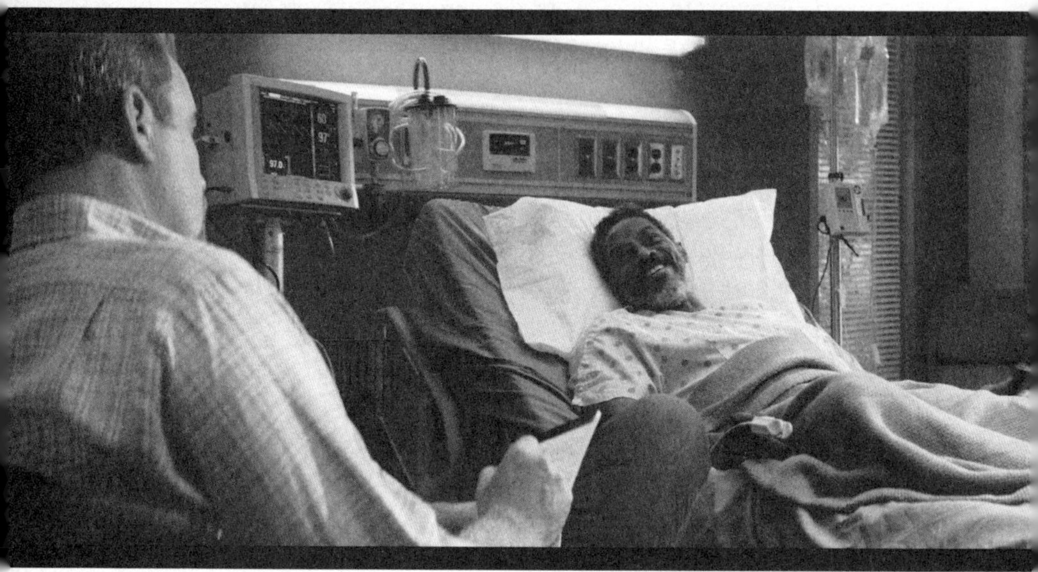

RESUMEN

Lidiar con sus circunstancias presentes no implica que John acepte el cambio del todo. En esta parte de la película, John todavía lamenta haber perdido su equipo de baloncesto y todas las oportunidades que esto le ofrecía: ganar un campeonato estatal y obtener una beca para Ethan. Cuando su nuevo e inesperado amigo Thomas le pregunta: «¿Quién eres?», John habla de baloncesto, aunque esa faceta ya no existe.

PARA DIALOGAR

1. ¿Por qué crees que Thomas, a estas alturas de su vida, puede entablar una conversación tan profunda con John, quien hasta hace poco era un total extraño?

2. ¿Te parece más fácil o más difícil escuchar y analizar una pregunta como la de Thomas de una persona cercana a ti o de alguien que acabas de conocer? Explica tus razones.

3. ¿Por qué fue tan difícil para John responder la pregunta? ¿Te identificas con él?

TRABAJA

Lee Mateo 16:13-20 en voz alta.

El propósito de vida y el llamado de Pedro era para edificar la Iglesia de Jesús. No es una misión que esperarías para un pescador. Pedro se adaptó a su ocupación de discípulo con facilidad. Además, fue el primero en proclamar a Cristo como Salvador. También estuvo entre los primeros que fracasaron en encarnar esa afirmación. La conversación de Pedro con Jesús en Mateo 16 nos muestra que no importa lo que otros afirmen sobre Cristo, lo importante es lo que cada uno de nosotros cree.

Según Jesús, ¿quién le reveló a Pedro su declaración y por qué es importante ese hecho?

Si tuvieras una conversación con un extraño mientras ascienden ocho pisos en un elevador y él te preguntara: «¿Por qué crees en Jesús», ¿qué responderías?

Creer o confesar a Cristo es más que una serie de palabras. En tus relaciones e interacciones diarias que sobrepasen una evangelización de cinco minutos, una vida sometida a Jesús comunica mucho más y de mejor manera. En la vida de Pedro podemos reconocer acciones que verifican su confesión de fe y otras que la contradicen. Él es un hombre común que se convirtió en discípulo. Esto lo convierte en alguien con quien podemos simpatizar.

Lee Lucas 22:31-34 en voz alta. ¿Por qué crees que Jesús afirmó lo que Pedro haría para construir la Iglesia después de que fallara miserablemente?

¿Alguna vez has temido que tus errores revoquen tu derecho de completar el propósito de Dios para tu vida? ¿Cómo lidias con eso?

Pedro negó a Jesús cada vez que se lo identificaba como uno de Sus seguidores (ver Luc. 22:54-62). Los cristianos deberíamos ser reconocidos como seguidores de Jesús de manera fácil e inmediata. Nuestra lealtad a Él debería ser la verdad más evidente sobre nosotros. Para que los demás nos reconozcan como cristianos, debemos caminar con Cristo y fundamentar en Él nuestro carácter. Encarnar nuestra identidad en Jesús es el único modo de estar vivos en realidad. De otro modo, seremos ateos en la práctica: confesamos a Jesús con nuestros labios, pero vivimos como si no existiera en realidad.

¿Cómo queda en evidencia que eres un seguidor de Jesús? ¿En qué forma escondes tu lealtad a Él?

Cuando nos identificamos principalmente como seguidores de Cristo, encarnamos una vida de fe y nuestra conexión con Jesús se convierte en la verdad más prominente de nuestra vida. Las demás personas lo notan.

DÍA 1

PEDRO SIGUIÓ A JESÚS DE INMEDIATO

«Porque lo digo yo» es una frase que quizá escuchaste en tu casa durante tu niñez y prometiste nunca usarla con tus hijos. Antes de que tomes decisiones precipitadas, examinemos la expresión desde otra perspectiva. Según la sabiduría de Dios Todopoderoso y Su Palabra infalible, los padres son la autoridad implantada por el Señor en la vida de un niño. La frase «Porque lo digo yo» puede expresar que nosotros conocemos lo mejor para nuestros hijos y por eso instauramos límites e instrucciones para ellos.

Lee Lucas 5:1-11.

La obediencia de Pedro en el versículo 5 (como queriendo expresar «Porque tú lo dices») es un ejemplo para nosotros. Su arrepentimiento en el versículo 8 es también una inspiración para todos. Finalmente, la decisión absoluta de Pedro de seguir a Jesús en el versículo 11 es un ejemplo sin precedentes de una entrega auténtica.

Lee los siguientes versículos y redáctalos en tus propias palabras como confesiones a Dios.

> *Respondiendo Simón, le dijo: Maestro, toda la noche hemos estado trabajando, y nada hemos pescado; mas en tu palabra echaré la red.*
> LUCAS 5:5

> *Viendo esto Simón Pedro, cayó de rodillas ante Jesús, diciendo: Apártate de mí, Señor, porque soy hombre pecador.*
> LUCAS 5:8

> *Y cuando trajeron a tierra las barcas, dejándolo todo, le siguieron.*
> LUCAS 5:11

Cada uno de estos versículos refleja un aspecto de sometimiento. El primero es una obediencia sin reparos, aunque la orden parecía irrelevante. Pedro era un profesional de la pesca. Sin embargo, cuando Jesús le pidió que lanzara la red, él obedeció.

Describe una ocasión en la que Dios te haya pedido algo que parecía absurdo. Quizás tú creías conocer una mejor solución o Su requerimiento no parecía práctico.

Es crucial reconocer que Pedro no vaciló en su decisión. ¿Recuerdas la reticencia de Moisés y Gedeón? La obediencia sin reparos de Pedro es revitalizante y edificante. Esta obediencia lo llevó a un arrepentimiento radical (es decir, adoración) en el versículo 8. Por último, obedecer a Jesús y pescar utilizando un método que no parecía adecuado, suscitó la disposición de abandonar lo usual para seguir a Cristo. ¿Se ven reflejadas en tu vida estas respuestas?

¿En qué áreas de tu vida quisieras implementar una obediencia como la de Pedro?

¿En qué áreas de tu vida quisieras experimentar un arrepentimiento radical?

¿En qué áreas de tu vida te gustaría efectuar un sacrificio radical y voluntario?

Lee Lucas 5:5, 8, 11 una vez más. Mientras lees, pídele al Espíritu Santo de Dios que moldee cada forma de sometimiento en tu vida. Después, haz una oración en que expreses tu deseo de seguir a Jesús sin reparos. Esto implica encarnar Su carácter, Su verdad y adoptar una nueva identidad.

DÍA 2

PEDRO PROCLAMÓ A JESÚS CON DENUEDO

La vida no se trata de nosotros ni de nuestros propósitos. Juan el Bautista sintetizó la esencia del sometimiento de este modo:

> *Es necesario que él [Jesús] crezca, pero que yo mengüe.*
> JUAN 3:30

Jesús siempre debe crecer y nosotros menguar. Pedro estaba en lo cierto al afirmar que Jesús era: «... el Cristo, el Hijo del Dios viviente» (Mat. 16:16). Como respuesta a la confesión de fe de Pedro, Jesús afirmó:

> *Y yo también te digo, que tú eres Pedro, y sobre esta roca edificaré mi iglesia; y las puertas del Hades no prevalecerán contra ella.*
> MATEO 16:18

¿Qué tal si la intención de Cristo no era construir la Iglesia con Pedro como base, sino con su confesión de fe como base? Jesús una vez afirmó que los discípulos harían mayores obras que Él (ver Juan 14:12). Parece un hecho difícil de aceptar. No obstante, al confesar nuestra confianza en Cristo, nos rendimos ante Sus planes para nuestra vida y para Su reino. Pedro experimentó el cumplimiento de la promesa de Jesús en su propio ministerio, que se extendió por tres décadas en las cuales Pedro realizó muchos milagros. Así se llevó a cabo el plan de Cristo: mediante personas escogidas y totalmente rendidas ante Él.

¿Qué te motiva a vivir y a hacer en el nombre de Cristo tu confesión de fe? Puede ser algo pequeño que Él pueda expandir para Su gloria o algo inmenso que esté fuera de tu alcance.

¿Alguna vez sentiste el impulso de declarar tu conexión con Jesús o expresar Sus verdades, pero después dejaste pasar la oportunidad? Si te ha sucedido, describe tu experiencia.

¿Alguna vez sentiste el impulso de confesar tu fe y compartiste el evangelio con alguien? Si te ha sucedido, describe tu experiencia.

Anota lo que Jesús le dijo a Pedro en Mateo 16:18.

Lee Hechos 4:1-12. En su discurso, Pedro se refirió a Jesús como la piedra y la cabeza del ángulo (ver v. 11). Dado que Jesús prometió edificar la Iglesia sobre la roca que era la confesión de Pedro, ¿por qué es notable que el apóstol haya utilizado estos términos para referirse a Jesús?

De cierta forma, Pedro estaba recordándole al Sanedrín la autoridad de lo expresado en Salmos 118:22 al conectar a Jesús al rey David y a las santas Escrituras hebreas. Sin lugar a dudas, el apóstol estaba afirmando que en Jesús encontramos la luz, la vida y la salvación. Además, estaba haciendo estas declaraciones frente a la posibilidad de una sentencia a prisión.

¿Cuál ha sido el mayor riesgo o pérdida que has experimentado por causa de Jesús? ¿Valió la pena? ¿Lo volverías a hacer? ¿Qué harías de manera diferente?

Confesar a Jesús con valentía frente al miedo es creer que el mundo necesita más de Él y menos de ti; es creer que todo riesgo que tomes al declarar Su nombre valdrá la pena.

Ora y declara que en el mundo debe haber más de Cristo y menos de ti. Dedica tu vida a representar a Jesús y no a ti mismo.

DÍA 3

NO OBSTANTE, PEDRO NEGÓ A JESÚS

Lo sucedido en Mateo 16 fue de gran importancia para Pedro. Sin duda, él atesoró ese momento. Sin reparo alguno, Pedro proclamó a Cristo como Salvador. La profecía de Jesús para la Iglesia futura seguramente fue reconfortante. Sin embargo, Pedro iba a negar a Jesús en el futuro.

Lee la totalidad de lo que sucedió en Lucas 22:31-34, 54-62.

Gran fallo. Si Mateo 16 es el suceso que jamás quisieras olvidar, entonces Lucas 22 es el que esperas que nadie recuerde. Es fácil perderse en el vaivén de una fe vacilante. Aunque estemos rendidos ante Cristo, el enemigo quiere atacar nuestros puntos débiles y puede causar que neguemos la verdad más fundamental de nuestra vida. Pedro negó a Jesús en un momento de debilidad y miedo. No obstante, después proclamó a Cristo frente a un público que tenía sus propios motivos para sentir miedo.

¿Cuáles son tus peores miedos? ¿Qué provoca que en ocasiones te definas a ti mismo con las frases «no puedo» o «no soy suficiente»?

En su primera carta dirigida a los cristianos dispersos, Pedro explicó su perspectiva sobre el miedo. Él sabía que la tentación de negar a Jesús sería grande; por eso escribió lo siguiente:

> *Que sois guardados por el poder de Dios mediante la fe, para alcanzar la salvación que está preparada para ser manifestada en el tiempo postrero. En lo cual vosotros os alegráis, aunque ahora por un poco de tiempo, si es necesario, tengáis que ser afligidos en diversas pruebas, para que sometida a prueba vuestra fe, mucho más preciosa que el oro, el cual aunque perecedero se prueba con fuego, sea hallada en alabanza, gloria y honra cuando sea manifestado Jesucristo.*
> 1 PEDRO1:5-7

Parafrasea este pasaje con tus propias palabras. Después, léelo en voz alta. Examina la promesa de esperanza de alguien que conocía el éxito, pero que también había sentido el peso de la ansiedad en un momento difícil.

¿Qué es mejor para ti, un amigo que con rapidez te asegura que todo saldrá bien o alguien que te conforta, pero también reconoce y comprende tus circunstancias difíciles?

Pedro implementa ambos enfoques en este pasaje breve. Subraya la parte en que él asegura «Dios está en control». Dibuja un círculo en la parte donde Pedro reconoce que los creyentes tendrían aflicciones.

Examina la parte final del pasaje: el concepto de ser probados con fuego. Las temperaturas sobre los 1000 grados Celsius calcinan las impurezas del oro crudo extraído hasta que solo queda su esencia pura. Pedro tuvo éxito en Mateo 16 y la presión y el fuego lo pusieron a prueba en Lucas 22. Sin embargo, lo ocurrido hizo a Pedro un poco más semejante a Jesús. Esto lo convirtió en el líder que debía ser para poder guiar la Iglesia de Dios. ¿Crees posible que necesitemos momentos como los de Lucas 22 tanto como los de Mateo 16?

Ora y agradécele a Dios por las dificultades de la vida. Confiesa ante el Señor que ser moldeados a la imagen de Cristo vale la pena.

SESIÓN 5

DECLARAS

Pero cuantas cosas eran para mí ganancia, las he estimado como pérdida por amor de Cristo.
FILIPENSES 3:7

INICIA

Bienvenido a la quinta sesión grupal del estudio bíblico *VENCEDOR*. Para iniciar, pide que compartan las respuestas del estudio personal de la semana pasada.

¿Qué te pareció interesante sobre el estudio personal de la semana pasada? ¿Qué verdades o respuestas te reveló Dios?

Haz una lista con todas las emociones que experimentas durante una semana. Después, cada miembro del grupo leerá su lista. Cuando haya ideas similares, pon un visto junto a los puntos correspondientes en tu lista. Cuando sea tu turno por segunda vez, solo menciona los puntos que no se hayan nombrado antes.

Las emociones son un magnífico regalo de Dios. Él las concede para Su propio placer y para que tengamos los medios para conocernos, expresarnos y empatizar con las demás personas. No obstante, si no las mantenemos bajo control, las emociones pueden ser un obstáculo para nuestra verdadera identidad. En ocasiones, nuestros sentidos y emociones nos engañan. Esto puede provocar que creamos mentiras y que construyamos una identidad desviada de la promesa de Dios para nuestra vida.

Conocer que tu identidad está fundamentada en Cristo no garantiza que estés preparado para los ataques que vendrán. Pedro nos enseñó que estar firmes hoy no asegura el éxito futuro.

¿Qué tan importante es confesar a Cristo con valentía frente a un enemigo que pone un obstáculo inesperado en tu camino o que hace un ataque personal en tu contra? ¿Estás listo para contradecir tus emociones y actuar desde tu verdadera identidad?

FRAGMENTO DE LA PELÍCULA

Miren el video de esta sesión.

RESUMEN

En el video de esta sesión, Hannah es con certeza diferente de la niña que vimos hace dos semanas. Armada con su fe en Cristo, Hannah aguarda la oportunidad correcta, totalmente lista. Ella conoce su valor, pues su identidad ya no está fundamentada en el padre que la abandonó, el asma que padecía, el pecado que la asediaba ni el deporte que la definía. Hannah declara con valentía su relación con Cristo y su ciudadanía en el cielo. Su identidad está en Jesús.

PARA DIALOGAR

1. ¿Qué percibes diferente en Hannah? ¿Qué cambió?

2. ¿Con qué verdad espiritual revelada por Hannah en el video te identificas más? ¿Qué parte de su declaración necesitabas escuchar con más urgencia?

3. ¿Con qué parte de tu identidad aún luchas? ¿Qué aspectos de tu vida compiten por el lugar privilegiado de Dios en ella?

TRABAJA

En Éxodo 32, Moisés se había marchado. Los israelitas, todavía en el desierto, sabían que Moisés había ido a encontrarse con Dios en el monte Sinaí. No obstante, se preocupaban porque hacía tiempo se había marchado y no sabían si regresaría. Entonces se tornaron a lo que habían visto y hecho en Egipto: construyeron una imagen y la adoraron. Dios se había enfurecido contra ellos, pero Moisés intercedió por su pueblo, aunque también se enfadó con ellos.

Lee Éxodo 32:11-20 en voz alta. ¿Cómo negoció Moisés con Dios? ¿Por qué es importante que Moisés haya rogado citando las promesas de Dios?

¿De qué manera Moisés disciplinó a Israel?

¿Qué diferencia existe en Moisés en este pasaje comparado con Éxodo 3:11-14, donde respondió con excusas? ¿Qué cambió?

Solo cuando conseguimos entender, aceptar y operar desde nuestra identidad fundamentada en Cristo podemos cumplir la misión que Dios tiene para nosotros. Esto implica cambios en nuestra vida. Cuando Moisés utilizó las promesas de Dios para defender a Israel, estaba declarando que conocía y aceptaba su papel de líder instaurado por Dios y el propósito del Señor para el pueblo de Israel. Moisés comprendía que el plan actual formaba parte de la promesa que Dios había hecho un largo tiempo atrás.

En Jueces 7, Gedeón es el líder de un ejército. Dios le ordenó a Gedeón que redujera los soldados de 32 000 a solo 300. ¿Por qué? De este modo, la victoria sin duda se debería a la intervención de Dios. En la víspera de la batalla, el Señor le pidió a Gedeón que espiara el campamento de los madianitas.

Lee Jueces 7:13-18 en voz alta. ¿Qué diferencia vez en Gedeón en comparación con su comportamiento en Jueces 6:6-16? ¿Cuál crees que es el motivo de su cambio?

¿Por qué a Gedeón le pareció importante la conversación que escuchó? ¿Cuál fue su respuesta? ¿Cómo les pidió a otros que reaccionaran ante esta información?

Gedeón necesitaba una confirmación y Dios accedió a ello. Al final del pasaje, Gedeón declaró, con el aplomo de su fe, que Dios les daría la victoria. Cambió de ser alguien que se escudaba detrás de su miedo y su debilidad, a ser el líder decidido de un ejército. ¿Por qué? Gedeón le creyó a Dios. ¿Cómo? Él abandonó su identidad vieja e inútil y aceptó ser el hombre que Dios afirmó que era. Tú también puedes hallar tu identidad en Cristo. Celebra tu valiente declaración en honor del Señor y de Su siervo, ¡tú!

DÍA 1

PABLO TENÍA UNA VIEJA IDENTIDAD

Pablo describió la transición de una vieja identidad a una nueva en estos términos:

> *De modo que si alguno está en Cristo, nueva criatura es; las cosas viejas pasaron; he aquí todas son hechas nuevas.*
> 2 CORINTIOS 5:17

Cuando Pablo escribió: «las cosas viejas pasaron», probablemente quería expresar lo mismo que la frase: «Ausente, pero no olvidado». Jamás olvidamos quiénes éramos antes de Cristo, pero sí tomamos la decisión de no vivir de acuerdo a esa identidad.

En esta última semana de estudio personal examinaremos la transformación en la vida de Pablo.

Lee Filipenses 3:3-14. Menciona las razones por las cuales Pablo se consideraba el líder judío por excelencia en los versículos 4-6.

Uno puede imaginarse al entrenador Harrison exclamar en la oficina de la directora: «¡No soy un entrenador de campo traviesa! ¡Soy entrenador de baloncesto!».

Lo que concebimos como un pecado de idolatría y de falsa identidad formaba parte de la imagen de un hombre devoto que creía estar haciendo lo correcto ante los ojos del Dios de Israel. Pablo menciona una serie de aspectos que definían su identidad y que revelan un interés en los asuntos de la carne. Incluso expresa que él tenía más razones para enorgullecerse que muchos otros.

Tú has identificado el fundamento pecaminoso de tu vida por medio de este estudio bíblico. Es probable que parte de ese fundamento lo conformaran tus intentos de ser la mejor persona posible.

Menciona algunas ocupaciones buenas, e incluso agradables a Dios, en que las personas hallan su identidad. ¿Qué términos se utilizan en la iglesia para elevar a las personas más allá de simplemente haber sido crucificados con Cristo?

Las prioridades inadecuadas de Pablo eran una barrera que solo un encuentro con Jesús podía derribar. De manera similar, toda identidad falsa que hayas adoptado impide que establezcas a Jesús como el fundamento de tu vida y que niveles tus metas con los propósitos de Dios.

Describe los nuevos propósitos de vida de Pablo detallados en los versículos 7-14.

Anota las metas que has establecido para tu vida durante las últimas cinco semanas de estudio bíblico.

Anota una oración en la cual le pidas al Espíritu Santo de Dios ayuda para derribar los obstáculos que te impiden establecer tu identidad en Jesús y cumplir tus metas en Su honor.

DÍA 2

PABLO HALLÓ Y FUNDAMENTÓ SU VIDA EN LA FE

Moisés redactó cinco libros para registrar los hechos milagrosos que Dios realizó para establecer a Su pueblo. Su cántico en Deuteronomio 32 expresaba su gratitud e incluía sus palabras de despedida. Imagina la letra de su canción acompañada de música:

> *Porque el nombre de Jehová proclamaré.*
> *Engrandeced a nuestro Dios.*
> *Él es la Roca, cuya obra es perfecta,*
> *porque todos sus caminos son rectitud;*
> *Dios de verdad, y sin ninguna iniquidad en él;*
> *es justo y recto.*
> DEUTERONOMIO 32:3-4

¿Recuerdas que en Éxodo 3:13 Moisés le preguntó a Dios Su nombre? ¡En esta canción Moisés lo proclama con gozo! Deuteronomio 32:3-4 suena como un cántico moderno de adoración. ¿Y el resto de la canción? Esa es otra historia. A partir del versículo 5, prácticamente hasta el final, Moisés señala los pecados de Israel tanto como el poder de Dios. Estas palabras finales no pertenecían a un hombre que vivió con miedo. Con mucha intensidad, Moisés le advirtió a su pueblo sobre las consecuencias de no vivir de acuerdo a su verdadera identidad en Dios.

Si el estudio que has realizado estas semanas concluyera con una advertencia tanto para ti como para otros, ¿cuál sería esa advertencia?

Para cuando los acontecimientos de Hechos 28 sucedieron, Pablo ya había sido náufrago, lo habían engañado, arrestado, torturado, encarcelado y mucho más. Sin embargo, el capítulo concluye informándonos que Pablo recibía a las personas en su hogar y declaraba abiertamente su fe en Jesús. El apóstol, sin duda, tenía suficientes motivos para retractarse de su llamado, pero ninguna de sus circunstancias pudieron deshacer su identidad en Cristo.

Lee Hechos 28:30-31.

Pablo estuvo dos años en una casa alquilada, prácticamente en arresto domiciliario. A las personas que lo visitaban, el apóstol los recibía con gran hospitalidad para hablarles de la bondad de Dios por habernos dado salvación mediante Su hijo Jesús. Una vez que encuentres ese tesoro, puedes tener gozo incluso en los peores momentos.

El versículo 31 afirma que Pablo predicaba «abiertamente y sin impedimento». Copia esta frase aquí.

¿Qué significa que tu vida declare la fe «abiertamente»?

¿Qué implica hacerlo «sin impedimento»?

La frase «sin impedimento» es la traducción de la palabra griega *akolutos*, que significa «prevenir, estorbar, prohibir, detener, denegar».

Negarse.

Moisés: «No soy un gran orador».

Gedeón: «No soy un guerrero fuerte».

John Harris: «No soy entrenador de campo traviesa».

Tú: «No soy ____________________________».

Podremos predicar a Cristo «abiertamente y sin impedimento» cuando dejemos de negar quiénes somos en Él. En Jesús podemos superar cualquier obstáculo que nos impida vivir en fe y predicar el evangelio sin impedimento. ¿Crees en esto? ¿Es evidente tu convicción?

Entrégale a Jesús tu afirmación de «No soy...». Déjalo todo en Sus manos. Agradécele a Dios que te ha hecho un vencedor, pero no por tus propias fuerzas, sino mediante el poder de transformación del evangelio.

DÍA 3

PABLO FUE RENOVADO Y SE CONVIRTIÓ EN UN LÍDER FUERTE

Pedro escribió sobre la fe que es probada con fuego (ver 1 Ped. 1:7). El proceso es similar a ejercitarse. Los músculos poco estimulados se atrofian. El ejercicio incrementa la fuerza y la masa muscular al romper las fibras musculares. Cuando el cuerpo se recupera y los músculos se reparan, su fuerza se incrementa. Es decir, romper las fibras musculares las hace más fuertes.

Cuando analizas los peligros, la agitación y las dificultades que Pablo enfrentó, no es difícil entender por qué su musculatura espiritual era tan fuerte. Aunque se desarrolló durante grandes dificultades, la fe de Pablo tenía como base su confesión de fe en Jesucristo. Dicha confesión la había suscitado el encuentro radical que tuvo con el Jesús resucitado.

¿Quién te inspira más: los creyentes sin cicatrices o marcas de sus dificultades que siguen a Jesús con devoción o aquellos profundamente heridos que permanecen fieles? Explica tu respuesta.

Lee el versículo que sigue.

> *Y me ha dicho [el Señor]: Bástate mi gracia; porque mi poder se perfecciona en la debilidad. Por tanto, de buena gana me gloriaré más bien en mis debilidades, para que repose sobre mí el poder de Cristo. Por lo cual, por amor a Cristo me gozo en las debilidades, en afrentas, en necesidades, en persecuciones, en angustias; porque cuando soy débil, entonces soy fuerte.*
>
> 2 CORINTIOS 12:8-10

Resalta cada palabra que exprese dificultades.

Incluso cuando Pablo estuvo en prisión, las demás personas percibían a Cristo en él y eran transformados. Su fe bajo presión era inspiradora y él la utilizó para predicar sobre Jesús abiertamente y sin impedimentos. Otras personas quedaban inspiradas y proclamaban el evangelio. Pablo se alegraba de esto incluso en medio de las dificultades, porque también otros estaban predicando sobre Cristo. Un resultado como este hace que la adversidad valga la pena.

Nuestra identidad carnal puede hacer que nos enorgullezcamos. Por el contrario, nuestra identidad en Cristo revela la fortaleza de vivir en la fe a pesar de la adversidad externa y de la debilidad interior. Puesto que celebrar la adversidad y declarar nuestras debilidades son tendencias poco comunes en el mundo, pueden percibirse como propensiones insólitas.

Piensa en el entrenador Harrison e imagina su testimonio cinco años después: se ha convertido en el entrenador del nuevo corredor y campeón estatal, y le agradece a Dios por alejarlo del baloncesto y de su identidad traspapelada. Presenciar cómo la fe de John se desarrolló durante esa época difícil pudo tener un gran impacto en alguien que también enfrentaba dificultades.

Recuenta de manera concisa algún cambio que hayas experimentado durante este estudio bíblico.

¿Qué resultados quisieras experimentar al tomar ventaja de lo que Dios está haciendo para moldearte y fortalecer tu identidad en Cristo?

Agradécele al Señor por los cambios que has sentido en tu vida durante este estudio. Ruega en oración que en el futuro la forma en que otros te perciben y en que tú mismo te ves reflejen el carácter de Jesús.

FUNDAMENTOS DEL EVANGELIO

AHORA EN ESPAÑOL

De principio a fin, la Biblia es la historia del plan de Dios para redimir a los pecadores a través de Jesús. Los Fundamentos del evangelio cuenta esa historia. De los creadores de «The Gospel Project», este recurso de 6 volúmenes tiene un alcance integral, pero lo suficientemente conciso para completarlo en un año. Cada volumen de 7 sesiones incluye varias herramientas para ayudar a su grupo a participar en una discusión con una comprensión clara de cómo cada texto se ajusta a la historia de las Escrituras.

CARACTERÍSTICAS

- 6 volúmenes que separan claramente los elementos temáticos del evangelio.
- 7 sesiones por volumen que permiten que los participantes conecten con las Escrituras.
- Con videos de introducción (5-7 min) para cada sesión completamente gratis.
- 3 Estudios individuales por cada sesión para el crecimiento espiritual continuo.

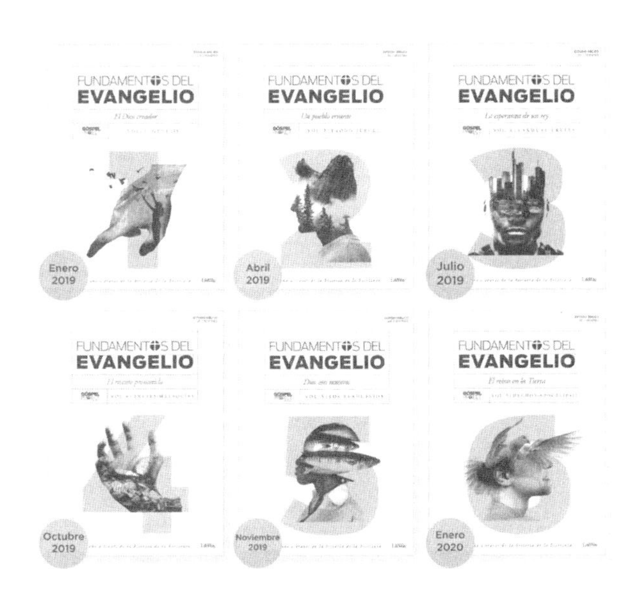

Visítanos para más información o comprar en
lifeway.com/fundamentos